L'Espoir naît chaque jour...

AF115630

Un jour... Un poème

Lydia MONTIGNY

Un jour... Un poème

Mentions légales

© 2021 Lydia MONTIGNY

Édition : BoD – Books on Demand, 12/14 rond-point des Champs-Élysées, 75008 Paris
Impression : BoD - Books on Demand, Norderstedt, Allemagne

ISBN : 978-2-3224-0910-5
Dépôt légal : Décembre 2021

Livres précédents (BoD)

- Dans le Vent (VII 2017)
- Ecrits en Amont (VIII 2017)
- Jeux de Mots (VIII 2017)
- Etoile de la Passion (VIII 2017)
- As de Cœur (XI 2017)
- Pensées Eparses et Parsemées (XI 2017)
- Le Sablier d'Or (XI 2017)
- Rêveries ou Vérités (I 2018)
- Couleurs de l'Infini (II 2018)
- Exquis Salmigondis (V 2018)
- Lettres Simples de l'être simple (VI 2018)
- A l'encre d'Or sur la Nuit (X 2018)
- A la Mer, à la Vie (XI 2018)
- Le Cœur en filigrane (XII 2018)
- Le Silence des Mots (III 2019)
- La Musique Mot à Mot (IV 2019)
- Les 5 éléments (V 2019)
- Univers et Poésies (VIII 2019)
- Les Petits Mots (X 2019)
- Au Jardin des Couleurs (XI 2019)
- 2020 (XII 2019)
- Nous… Les Autres (X 2020)
- Ombre de soie (III 2020)
- Les Jeux de l'Art (IV 2020)
- Harmonie (VI 2020)
- La source de l'Amour (VIII 2020)
- Au pays des clowns (X 2020)
- 365 (XI 2020)
- L'Amour écrit… (XII 2020)
- Haïkus du Colibri (II 2021)
- Le Bonzaï d'Haïkus (IV 2021)
- Blue Haïku (V 2021)
- Avoir ou ne pas Avoir (VII 2021)
- Haïkus du Soleil (VIII 2021)
- Equinoxe (XI 2021)

UN JOUR... UN POEME

Ecrire un jour
Un poème,
Lire « Toujours »
Dans « Je t'aime »...

Ecrire encore
Des notes de Vie,
Deviner ton corps
Quand tu souris...

Ecrire sur la nuit
Ce doux poème,
Lire sans bruit
Combien je t'aime...

TRANSPARENCE

J'effacerai
La buée sur le miroir
Pour t'apercevoir,
Celle où le soir
Trace sans le savoir
Un souvenir, une histoire
Dans les yeux du miroir…

J'effacerai
Les mots écrits dans le ciel
Pour protéger de mes ailes
Cet amour éternel
De lumière et de miel,
Les mots sans étincelle
De paradis artificiels…

…/…

…/…

J'effacerai
Les colères d'antan
Tortillant les tourments
Des âmes sans jugement,
Des faibles et des enfants,
Pour que le chant du vent
Ne soit qu'émerveillement…

J'effacerai
Les heures d'absence
Et le poids du silence
Dans l'engrenage de la patience,
Pour devenir transparence
Dans les instants intenses
De ton existence…

Sur la ligne d'une poésie :

Le zèbre était tigré

Le tigre était zébré

Et l'encre-riait !....

ATTENTE

J'attends que viennent les mots
Comme on attend la neige,
Que se pose sur le blanc manteau
La cristallisation de ce florilège

Alors naîtront sous tes yeux étonnés
Des lettres, des phrases, des ponts
Pour transporter des bonheurs rêvés
Espérés comme de doux pardons

J'attends les mots que je n'ai pas
La flamme que je n'ai plus
J'attends que tu sois là
Toi et l'amour, rien de plus…

Dans le jour silencieux

Un poème compte ses pas,

Tourne en rond, heureux,

Des rimes plein les bras…

Dans l'air étonné est né

La force de sa sensibilité….

LE RUISSEAU PERDU...

C'est un ruisseau perdu
Qui coule sans raison
Comme s'il n'avait connu
Qu'errance de l'abandon

Il ne dit jamais non
A la soif d'un pardon
Et il ne compte plus
Les ricochets déçus

Son chant a combattu
Les barrages obtus
Mais sa source a vaincu
La peur de l'inconnu

.../...

…/…

C'est un ruisseau perdu
Où mon cœur éperdu
Se baigne la nuit venue
A l'heure défendue

(Tanka)

Guetter l'expression

Sur ces mille visages

Immobiles sous le soleil-

Le festival estival

Dans un champ de tournesols

LA FORCE DU REGARD…

Dessine un regard
Sur la ligne d'horizon…
Le destin dans le soir
Deviendra la raison
De chaque étincelle d'espoir…

Dessine l'horizon
A la force du regard,
A la force de ta passion
Alors tu pourras voir
L'amour hors dimension…

PRENDRE TA MAIN

J'ai pris la main
D'un voyage un matin
Un aller vers demain
Ici dans ta main

Mes pas ont traversé
Des cimes enneigées
Mon corps est tombé
Dans les déserts assoiffés

J'ai appris que ma main
Ecris à une main
A la fois ange et humain
L'infini lui va bien

                                            .../...

…/…

Mes pas ont croisé
Des bruissements volés
Aux vents égarés
Dans les forêts bleutées

J'ai surpris ta main
Effaçant mon chagrin
Et j'ai compris enfin
Nos pas sur ce chemin

La douleur est simple

L'incertitude douloureuse

Exister encore

LA BULLE

Une bulle aux jolis tons
Au doux parfum de savon,
Voletait à petits bonds
Comme le font les moutons.

Elle roulait sur l'horizon,
Jouait avec les papillons
Et chantait au diapason
Avec toutes les saisons.

Son ami le soleil d'adon
La caressait de ses rayons,
Et le vent, plus polisson,
L'étourdissait de sa passion.

…/…

…/…

L'air, dans sa tendre attention,
N'a retenu celle que nous aimons
Et la jolie bulle de savon
A échappé à notre raison…

LES PREMIERS BRUITS DU JOUR

Les premiers bruits du jour
Eveillent le soleil lourd,
Et la vie tout autour
Frissonne de cet amour.

Un oiseau balbutie
Quelques notes engourdies,
Un papillon sourit
A la Lune qui s'enfuit

Les premiers bruits du jour
Savourent les détours
Sous les yeux de l'amour
En murmurant un doux « bonjour»...

(Tanka)

Surfer sur le temps

Comprendre chaque instant

Danser dans le vent

Souffler une bougie de plus

Et faire un vœu… merveilleux …

LES COULEURS DE TA VOIX

Les couleurs chantent
Illuminent, enchantent,
Les formes et les fonds,
Le fluide des horizons.

Les sons scintillent
Etincellent, brillent,
Dans l'espoir que ne cesse
Ce vent de tendresse

Les couleurs de ta voix
Mêlent l'amour et l'émoi
Irisant doucement la soie
Nous découvrant déjà…

LES PETITS POINTS

Tu relies les points
Sur un grand dessin
Pour voir apparaître
L'âme de mon être

Tu tires des lignes
Entre les étoiles fines
Et ton rire anime
Ce vœu que tu mimes

Tu noues dans la mer
Les ouragans verts
Et les vagues de verre
Au clair de ma prière

.../...

…/…

Alors relie les points
De mes pensées au loin
Pour dessiner le Toujours
De tout mon Amour…

Tu as accroché au soleil

Le rire de ce bonheur

Et irisé le ciel

De quiétude et douceur

J'AIME L'IDEE…

J'aime l'idée
Que tu penses à moi
Tout bas
Quand tu ne dors pas
Seul et si las…

J'aime l'idée
De te voir flâner
Dans les rues animées,
Souriant, amusé,
Par des paroles égarées…

J'aime l'idée
De laisser sur la mer
Se poser ton regard clair
Et que tes poings se serrent
Pour retenir hier…

       …/…

…/…

J'aime l'idée
De la nuit venue
Où les rêves nus
Drapent d'inconnu
Nos désirs tus…

J'aime l'idée
Que tu lises ces mots
Tout haut
Quand je ne suis pas là…
Je pense à toi…

Ton espoir respire
L'instant du souvenir
Pour te faire sourire…

Doux parfum d'avenir
Que ta bouche peut lire
Comme un fou devenir…

Le silence vient offrir
Les mots pour séduire
La force de cet empire :

Mon fragile désir…

L'INATTENDU

Où est l'inattendu
Cette espérance nue,
Ce demain résolu
Par un mot absolu ?

J'aimerais courir
Après ce destin,
Courir avant le souvenir
D'un saut, main dans la main…

Le vent accrocherait le parfum
D'un soleil câlin
Dansant sur le satin
De ce doux lendemain.

…/…

…/…

Où est l'inattendu
L'imprévu invaincu, éperdu ?
Au milieu de l'inconnu,
J'erre dans ce temps impromptu…

JOUR DE VENT

Le vent se cristallise
Vers les plaines enneigées
Et des statues s'éternisent
Dans l'hiver blanc glacé

Si le vent harmonise
Les plaines et les sommets
Sa neige douce m'immobilise
Et rend mon cœur léger

Où vas-tu vent scintillant
Tandis que la vie s'amenuise
S'apaise, se tranquillise ?
L'hiver s'amuse, t'inventant…

J'effeuille

Tu tourbillonnes

Il équinoxe

Nous marrons

Vous mordorez

Elles automnent

PLUS LOIN

Marche plus loin
Au delà des jardins
Des forêts, des parfums,
Un caillou dans la main
Pour guérir en chemin...

Voyage plus loin
Plus haut que le devin,
Achève le dessin
De mon âme au fusain
Et signe ce dessein

Parle, chante plus loin
Que l'écho du ravin,
Multiplie son refrain
Sur les notes du matin
Quand ton cœur me dit "viens"

…/…

…/…

Rêve plus loin
Que la ligne du destin
Comme un clown magicien
T'enchanterait soudain....
Ici, ailleurs, plus loin…

Laisse couler les couleurs
De la folie, du bonheur,

Laisse fondre les formes
Quand les larmes s'endorment,

Laisse glisser sur les lys
La rosée fraîche et lisse,

Ne laisse pas s'évanouir mon corps
Dans ce rêve que tu fais encore…

PEINDRE L'INVISIBLE

Je peins l'invisible
Cette absence qui me grime,
Cette cicatrice de l'abîme
Impalpable et sensible

La couleur de l'élégance
Recouvre la souffrance
A croire que l'espérance
S'étoffe de patience

Alors je peins
Ce paysage incertain
S'évanouissant sur le satin
D'un mystérieux chemin

.../...

…/…

L'invisible demeure
La silencieuse demeure
De sourires sublimés
Par cette vie devinée

LA SOLITUDE

Avide d'un poème,
D'un miroir sans reflet,
Ephémère « je t'aime »
A ces mots effacés

Elle imagine ailleurs
Des images sans rivage,
Le parfum du bonheur
Dans un cœur sauvage

La solitude est là,
Poésie sous tes yeux,
Aimant ce que tu vois
Quel instant merveilleux…

Si les vagues bleues

Sont les raisons de la mer,

Ses abysses clairs

Sont la profondeur de mes vœux...

POESIE D'UN JOUR

Le soleil se pose
Sur la rondeur de la prose

La lune s'éveille
Dans la poésie des merveilles...

Le présent de cet univers
Baigne de notes légères

Ton âme devient l'air,
Sensible création de lumière

La poésie imagine
Ta vie que l'amour devine...

IMPREVUS

Une cloche mélancolique
Sonne l'heure
Qui n'est plus...

Un soleil elliptique
Offre aux fleurs
Des couleurs défendues...

T'écrire en musique
Est un bonheur
Dans ces mots imprévus

… DANS LES YEUX DU MIROIR…

Tu regardes ton miroir
Pour chercher cette histoire
D'un hier dans le soir
Vers un demain plein d'espoir

Tu ne peux effacer
Les reflets des années,
Les pages dessinées
A l'encre des secrets.

Tu regardes sans voir
L'amour comme un mirage
Et souris dans le soir
En voyant son image

SAVOIR… SE TAIRE

Le savant savait
L'ignorance qu'il avait…
Qui eût cru que se taire
Eût dit le contraire ?

QUELQUES...

Quelques sons cristallins
Dans la lueur du matin,
Dans la fraîcheur du lin
Et ton corps devient félin

Quelques notes pour toujours
Sur l'orgue de ce jour
Se jouent, se savourent
Sous tes doigts de velours

Quelques chuchotements
Suivent doucement
Le chemin des sentiments,
Quelques mots s'illuminant...

Dans un écho
Trois mots

Entre deux livres
Deux mots

Entre deux vies
Un seul mot...

MON ARBRE

Mon ami est un arbre
Un géant qui se targue
Du temps qui le regarde,
Mais juste par mégarde...

Son silence est sa force
Et contre son écorce
Serrée entre mes bras,
Je lui parle tout bas

Il garde mes secrets
Pour des milliers d'années
Saluant avec élégance
Le vent de l'espérance

.../...

…/…

J'aime tant son calme,
La douceur de son âme,
Cet arbre est mon ami
La sève de ma vie…

REGARDE LE TEMPS...

Regarde le temps
Rieur, innocent,
Il vole, éclatant
En mille printemps

Il se pose sur le banc
De ces cheveux blancs,
Les jeux des enfants,
Les murmures des serments

Regarde le temps
Cet ouragan élégant,
Ce tendre confident
Qui nous attend, patient...

APPRIVOISER...

J'apprivoise le son
Résonnant à raison,
Raisonnant l'unisson
Devant tant d'émotion

J'improvise l'image,
Les mots dans le sillage
D'une destinée si sage,
Et j'y vois ton visage

J'imagine ta voix,
Ton rire en mille éclats,
Tes mots couleur de soie,
Dans le ciel, sous tes doigts

.../...

.../...

Apprivoise l'émoi
Improvise cet instant là
Imagine... Souris-moi
Je suis un rêve, n'est-ce pas ?...

Sur le cristal de ma rêverie

Tu fixes l'éclat de la vie,

Toujours brillera la magie

De l'Amour qui nous a choisi...

LUEUR

Dans l'entrebâillement des volets
Quand l'aube vient perler,
Elle glisse sur le parquet
Dans son odeur de cire dorée.

Elle se hisse sur le lit
Aux milles rêves endormis,
En effleurant sans bruit
Ton visage qui sourit.

Elle se retourne, oscille,
Puis se penche, et vacille
Sa silhouette gracile
Plonge dans l'air fragile

.../...

…/…

Tu la prends dans tes bras
Délicatement contre toi,
Murmurant une aria…
La douceur du jour est là…

PRIERE

A la mélancolie
Je mêle la nuit
Dans l'élan de l'ennui
Sans cri

A la douleur bleuie
J'écris le mot défi
Le chagrin gris fuit
Surpris

A la tristesse qui sourit,
Que les mots balbutient
J'allume une bougie
Et prie…

DOUBLE...

Elle est "autrement"
Sans faux-semblant
Cette Eve de sang
A la pureté du diamant

Elle a deux bouches
L'une pour les mots qui te touchent
L'autre pour les immenses silences
Où soupire sa conscience

Dans ses yeux gris-vert
Se reflète la lumière
Du printemps à l'hiver...
Elle y danse, légère...

                    .../...

…/…

Elle offre ses deux âmes
L'une où la passion s'enflamme
L'autre sauvage et calme…
Mais les deux te réclament…

Elle a les deux pieds sur Terre
Et la tête sagement en l'air,
La clef de son bonheur
A son double dans ton cœur…

UN JOUET

La vie est un jouet
Fragile et coloré,
Une lueur unique
Au milieu d'un ciel magique.

La vie est ton sourire
Mon soupir puis nos rires,
Ces mots traversant le temps,
L'espace des sentiments.

La vie est un jouet,
Le voyage de la réalité,
Ta liberté sans horizon
Douce comme un bonbon...

La sagesse s'est blottie

Sous la cloche de la raison,

Mais plus beau en serait le son

Avec un soupçon de folie…

CONJUGUER LE TEMPS

Conjuguer le temps
A tous les temps
Sans contre temps
En prenant le temps

Vivre dans l'instant
L'ode silencieuse du présent,
Jusqu'à la nuit des temps,
Jusqu'au firmament…

Conjuguer le temps
A l'Amour maintenant
Merveilleusement existant,
Le temps qui nous attend…

Je broderai des rimes
Sur les bords de ta vie,
Poserai à sa cime
La force de l'infini,
Les mots seront magie
De l'instant qui te suit…

LE TEMPS D'UN REVE

Temps glacé, temps d'hiver
Dans un ciel gris de fer

Vent givré, vent de la mer
Sur la lande de pins verts

Banc oublié, blanc glacier,
Où mon rêve vient se poser

COMMENT...

Comment réinventer
La forme du vent
Dans les bras d'un moulin,
Dans les feuilles d'or brun
Ou ces jolis rubans...

Comment réinventer
La forme de l'eau
Sans pont et sans rivage,
Ruisselant sur ton visage,
Eclaboussant ces mots...

Comment réinventer
La forme de ta voix
Dansant dans le soleil,
Glissant entre tes doigts
Ou dans le bleu du ciel

                                      .../...

…/…

Comment réinventer
La forme de la force,
La source sous l'écorce,
L'ombre de ce jour
Au soleil de l'Amour…

Comment ?...

J'effeuille

Tu tourbillonnes

Il parapluie

Nous potirons

Vous mordorez

Elle mon-automnent

UN MATIN… UN PARFUM…

Imagine qu'un matin
Se croisent nos chemins,
Et dans un silence mutin
Se frôlent nos mains.

Je serais ce parfum
Addictif et certain,
Une excuse du destin
Dans l'instant clandestin.

Je serais la fragrance
Lumineuse qui danse
Cette fugue où se mêlent
Espace et spirituel.

…/…

…/…

Imagine une nuit de satin
Où nos rêves cristallins
Deviendraient le parfum
Dans l'espace de nos mains

Conjugaison d'un verbe du premier groupe :

HIVER

Je glace

Tu frimas

Il glisse

Nous flocons

Vous cheminées

Elles neigent éternelles

QUELQUES NOTES...

Quelques notes d'amour
Sans détour, sans discours,
S'accordant dans le jour
Aux rayons de Toujours

Quelques notes en larmes
Sans importance, sans arme,
Ruisselant dans le charme
D'un regard qui désarme

Quelques notes d'espoir
Sans refuge, sans miroir,
Scintillant dans le soir
Pour écrire notre histoire

LE TEMPS D'UN REVE

Temps glacé, temps d'hiver
Dans un ciel gris de fer

Vent givré, vent de mer
Sur la lande de pins verts

Banc oublié, blanc glacier
Où mon rêve vient s'éveiller…

PAR LA FENETRE

Tu regardes dehors
Assis devant cette page
Et tes pensées voyagent
Quand ton stylo s'endort

Ton bureau se tait
Sous ce silence appuyé
La tête sur ta main, posée,
Mâchouille des mots mouillés

Les passants se promènent
Sur la route d'ébène,
Tandis que la marjolaine
Se penche vers la fontaine

       .../...

…/…

Tu regardes dehors
Assis dans le décor
Du temps que tu adores,
De cet espoir, plus fort

IN THE AIR...

La lumière est dans l'Air

L'Air se réfugie dans les Mots

Les Mots s'éveillent dans ta voix

Ta voix m'emporte dans ce Rêve

Ce Rêve se dessine dans la Lumière

POESIE EN LARME

Je suis cette larme
Que la peur fait trembler,
Obombrer, vaciller.
Impuissante dans cette guerre,
Elle jaillit de colère,
Amère et féroce
Sous les mots et la force…

Je suis cette larme
D'espoir apprivoisé,
Capturé dans l'obscurité ;
C'est l'exquise lueur
Du matin sur un champ de fleurs,
Cette envie d'un ailleurs
Là, au milieu de ton cœur…

…/…

…/…

Je suis cette larme
Ce frisson plein de charme
Se reflétant en douceur
Dans ton regard rêveur,
Je suis cette force calme
De l'amour, de l'océan,
Une larme de lumière …

MOTS MELES

Je mêle à la vie
Le miel et l'envie,
Le ciel, la survie,
Je m'envole et revis

J'emmêle l'ennui
Dans les fils du défi,
L'appel de la nuit
Hurle à l'infini

Je mélange la magie
De la tendre nostalgie
Aux couleurs de floralies,
Dans ces mots que tu lis

.../...

…/…

Je mêle sans bruit
L'espace des vies
Dans le vent infini
Qui rit et s'enfuit

Je noue les broderies
A la douce harmonie
Et l'encre écrit
Des silences anoblis…

LIRE

Prendre le temps
De lire ce moment,
De relire encore
Les mots si forts…
Ne plus tourner les pages
De ce livre sans âge,
Savoir s'arrêter,
Sans les arracher,
Les cueillir, les goûter,
Et se délecter
De la pensée volée…
Lire… et accepter
Que l'instant de fusion
Ne soit plus illusion…

LA POESIE DE L'ENCRE

L'encre s'aventure,
Légère, d'un bleu nuit sûr,
Glissant, de pleins en déliés,
D'arabesques en pointillés,
Sur la feuille immobile
Aux lignes graciles...

Les mots s'animent
Parfois sous le souffle infime
D'un colibri volant là,
Ou s'agitent sous l'éclat
De rires et de jeux
Que tu imagines merveilleux...

.../...

…/…

L'encre confidente,
Discrète et élégante
Garde entre les mots écrits
Des espaces de courtoisie.
C'est le cœur qui unira
Toutes ces lettres dans ses bras…

LISTE CARNETS

Carnet Magique (VIII 2021)

Carnet de Lectures (VIII 2021)

Carnet du 7ème Art (VIII 2021)

Carnet de Rêves (X 2021)

Carnet de Balades (XII 2021)